초스피드

1일 완성

일본어

히라가나
가타카나

쓰기노트

S 시원스쿨닷컴

초스피드 1일 완성 일본어
히라가나 가타카나 쓰기노트

초판 4쇄 발행 2024년 7월 5일

지은이 시원스쿨
펴낸곳 (주)에스제이더블유인터내셔널
펴낸이 양홍걸 이시원

홈페이지 www.siwonschool.com
주소 서울시 영등포구 영신로 166 시원스쿨
교재 구입 문의 02)2014-8151
고객센터 02)6409-0878

ISBN 979-11-6150-818-4 13730
Number 1-120101-26260400-09

1년 365일 중
딱! 하루만 올인하면

일본어를
읽고 쓰게 됩니다.

일본어는 크게 '한자/히라가나/가타카나'의 **3가지 문자 체계**를 갖고 있습니다.

한자	일본어에서 대부분의 주요 어휘는 '한자'로 표기.
히라가나	한자 외의 각종 부수어 및 일상어를 표기할 때 사용.
가타카나	외래어, 의태어, 의성어, 고유어, 강조어 등을 표기할 때 사용.

(1) 히라가나

히라가나는 한자 외의 각종 부수어(예: 조사(~은[는], ~을[를]), 종결 어미(~이에요[입니다]), 부사, 접속사 등) 및 일상어를 표기할 때 씁니다. 히라가나의 기본 문자는 46개이고 둥근 곡선 느낌의 형태를 띠고 있으며, 아래의 표에서 '단'은 같은 모음을 가진 문자들의 열, '행'은 같은 자음을 가진 문자들의 행을 뜻합니다.

	あ단	い단	う단	え단	お단
あ행	あ [아]	い [이]	う [우]	え [에]	お [오]
か행	か [카]	き [키]	く [쿠]	け [케]	こ [코]
さ행	さ [사]	し [시]	す [스]	せ [세]	そ [소]
た행	た [타]	ち [치]	つ [츠]	て [테]	と [토]
な행	な [나]	に [니]	ぬ [누]	ね [네]	の [노]
は행	は [하]	ひ [히]	ふ [후]	へ [헤]	ほ [호]
ま행	ま [마]	み [미]	む [무]	め [메]	も [모]
や행	や [야]		ゆ [유]		よ [요]
ら행	ら [라]	り [리]	る [루]	れ [레]	ろ [로]
わ행	わ [와]				を [오]
					ん [응]

가타카나는 외래어(예: 노트북, 스티커, 맨션), 의태어(예: 데굴데굴, 부슬부슬), 의성어(예: 와글와글, 똑딱똑딱) 및 고유어, 강조어 등을 표기할 때 씁니다. 가타카나는 히라가나와 동일하게 기본 문자가 46개이고 발음도 똑같지만 모양에 있어선 히라가나와는 반대로 직선으로 된 각진 형태를 띠고 있습니다.

	ア단	イ단	ウ단	エ단	オ단
ア행	ア [아]	イ [이]	ウ [우]	エ [에]	オ [오]
カ행	カ [카]	キ [키]	ク [쿠]	ケ [케]	コ [코]
サ행	サ [사]	シ [시]	ス [스]	セ [세]	ソ [소]
タ행	タ [타]	チ [치]	ツ [츠]	テ [테]	ト [토]
ナ행	ナ [나]	ニ [니]	ヌ [누]	ネ [네]	ノ [노]
ハ행	ハ [하]	ヒ [히]	フ [후]	ヘ [헤]	ホ [호]
マ행	マ [마]	ミ [미]	ム [무]	メ [메]	モ [모]
ヤ행	ヤ [야]		ユ [유]		ヨ [요]
ラ행	ラ [라]	リ [리]	ル [루]	レ [레]	ロ [로]
ワ행	ワ [와]				ヲ [오]
					ン [응]

わたし
私

그리고 한자 읽는 법을 한자 위에 히라가나로 표기하는 방식을 '후리가나'라고 합니다('루비'라고도 지칭). 예를 들어 私는 '와타시'라고 읽는데, 이렇게 읽는 법을 私 위에 히라가나로 'わたし(와타시)'라고 표기한 방식이 바로 '후리가나(루비)'입니다.

초스피드 1일 완성 전략

1단계 히라가나·가타카나 표 가볍게 훑어보기

본격적인 쓰기 학습을 시작하기 전 히라가나·가타카나 표를 훑어보며 이 두 문자 체계가 전체적으로 어떤 형태의 문자들로 구성되어 있는지, 그리고 각 문자들의 발음은 어떠한지 가볍게 파악합니다.

2단계 10번씩 따라 쓰고 3번씩 모아 쓰기

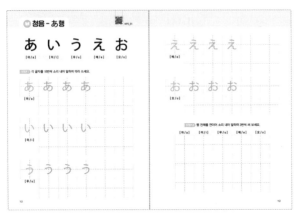

전체 문자 구성을 파악한 후 [아/이/우/에/오]의 모음 순서로 된 문자 5개를 한 세트로 묶은 다음 각 문자를 10번씩 따라 쓰고 문자 5개를 붙여 3번씩 연이어 써 봅니다. (총 30여 개의 문자 세트가 나옴.)

3단계

히라가나·가타카나 표
스스로 완성하기

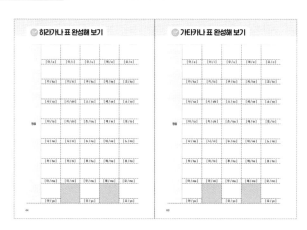

모든 문자를 따라 쓰고 뇌에 각인시킨 후 마지막으로 비어 있는 히라가나·가타카나 표를 스스로 채워서 완성합니다. 이렇게 표까지 스스로 완성함으로써 모든 문자를 확실히 내 것으로 만듭니다.

4단계

히라가나·가타카나로,
'일본어 단어'까지 읽고 써 보기

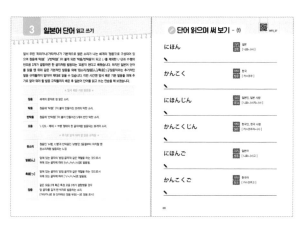

히라가나와 가타카나를 내 것으로 흡수했다면 반드시 알아야 할 추가적인 발음 규칙들(된소리, 발음[ん], 촉음[っ], 장음)까지 숙지한 다음 다양한 '일본어 단어'를 읽고 써 보는 연습도 해 봅니다.

목차

여러분,
준비되셨나요?

마음 굳게 먹고
집중해서 따라 오세요!

히라가나 읽고 쓰기

'히라가나'는 기본적으로 46개의 [청음(맑은 소리)]으로 구성돼 있고, 청음의 'か/さ/た/は행' 오른쪽 위에 탁점(˚)이 붙은 탁한 소리는 [탁음], 청음의 'は행' 오른쪽 위에 반탁점(˚)이 붙은 반만 탁한 소리는 [반탁음]이라 합니다.

		あ단	い단	う단	え단	お단
청음	あ행	あ [아]	い [이]	う [우]	え [에]	お [오]
	か행	か [카]	き [키]	く [쿠]	け [케]	こ [코]
	さ행	さ [사]	し [시]	す [스]	せ [세]	そ [소]
	た행	た [타]	ち [치]	つ [츠]	て [테]	と [토]
	な행	な [나]	に [니]	ぬ [누]	ね [네]	の [노]
	は행	は [하]	ひ [히]	ふ [후]	へ [헤]	ほ [호]
	ま행	ま [마]	み [미]	む [무]	め [메]	も [모]
	や행	や [야]		ゆ [유]		よ [요]
	ら행	ら [라]	り [리]	る [루]	れ [레]	ろ [로]
	わ행	わ [와]				を [오]
						ん [은]
탁음	が행	が [가]	ぎ [기]	ぐ [구]	げ [게]	ご [고]
	ざ행	ざ [자]	じ [지]	ず [즈]	ぜ [제]	ぞ [조]
	だ행	だ [다]	ぢ [지]	づ [즈]	で [데]	ど [도]
	ば행	ば [바]	び [비]	ぶ [부]	べ [베]	ぼ [보]
반탁음	ぱ행	ぱ [파]	ぴ [피]	ぷ [푸]	ぺ [페]	ぽ [포]

그리고 'い'를 제외한 い단(き/し/ち/に/ひ/み/り/ぎ/じ/ぢ/び/ぴ)에 반모음인 'や행(ゃ/ゅ/ょ)이 작게 붙어서 만들어진 두 글자가 한 글자처럼 발음되는 것을 [요음]이라고 합니다.

(예: きゃ [키야→캬], しゅ [시유→슈], ちょ [치요→쵸])

		+や [야]	+ゆ [유]	+よ [요]
요음	き +[키]	きゃ [캬]	きゅ [큐]	きょ [쿄]
	し +[시]	しゃ [샤]	しゅ [슈]	しょ [쇼]
	ち +[치]	ちゃ [챠]	ちゅ [츄]	ちょ [쵸]
	に +[니]	にゃ [냐]	にゅ [뉴]	にょ [뇨]
	ひ +[히]	ひゃ [햐]	ひゅ [휴]	ひょ [효]
	み +[미]	みゃ [먀]	みゅ [뮤]	みょ [묘]
	り +[리]	りゃ [랴]	りゅ [류]	りょ [료]
	ぎ +[기]	ぎゃ [갸]	ぎゅ [규]	ぎょ [교]
	じ +[지]	じゃ [쟈]	じゅ [쥬]	じょ [죠]
	ぢ +[지]	ぢゃ [쟈]	ぢゅ [쥬]	ぢょ [죠]
	び +[비]	びゃ [뱌]	びゅ [뷰]	びょ [뵤]
	ぴ +[피]	ぴゃ [퍄]	ぴゅ [퓨]	ぴょ [표]

자, 그럼 이제부터 본격적으로 한 글자씩 따라 쓰며

히라가나를 머릿속에 각인시켜 봅시다.

📖 청음 - あ행

MP3_01

あ	い	う	え	お
[아/a]	[이/i]	[우/u]	[에/e]	[오/o]

STEP 1 각 글자를 10번씩 소리 내어 말하며 따라 쓰세요.

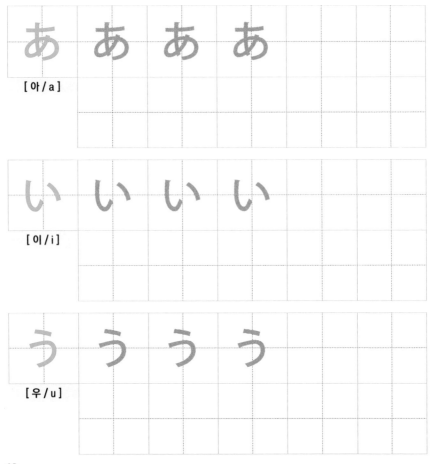

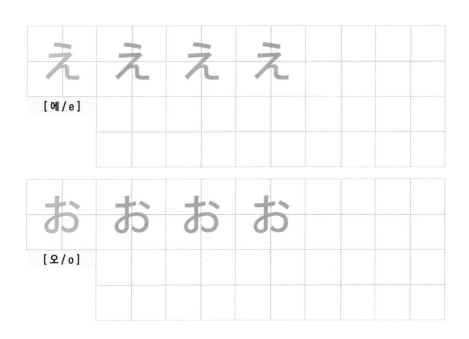

え え え え

[에 / e]

お お お お

[오 / o]

행 전체를 연이어 소리 내어 말하며 3번씩 써 보세요.

[아 / a]	[이 / i]	[우 / u]	[에 / e]	[오 / o]

📖 청음 – か행

か き く け こ

[카 / ka]　　[키 / ki]　　[쿠 / ku]　　[케 / ke]　　[코 / ko]

STEP 1 각 글자를 10번씩 소리 내어 말하며 따라 쓰세요.

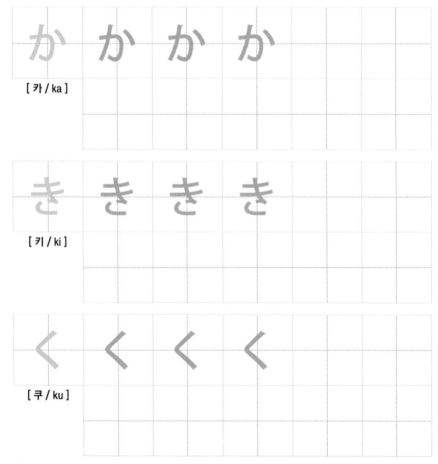

か　か　か　か

[카 / ka]

き　き　き　き

[키 / ki]

く　く　く　く

[쿠 / ku]

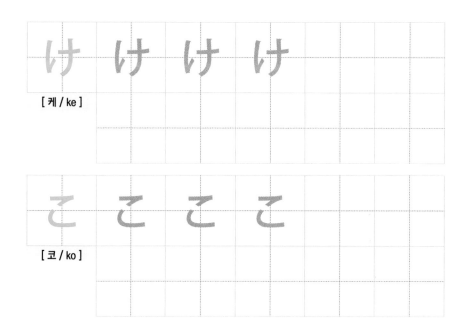

[케 / ke]

[코 / ko]

STEP 2 행 전체를 연이어 소리 내어 말하며 3번씩 써 보세요.

[카 / ka]	[키 / ki]	[쿠 / ku]	[케 / ke]	[코 / ko]

さ し す せ そ

[사 / sa]　　[시 / shi]　　[스 / su]　　[세 / se]　　[소 / so]

STEP 1 각 글자를 10번씩 소리 내어 말하며 따라 쓰세요.

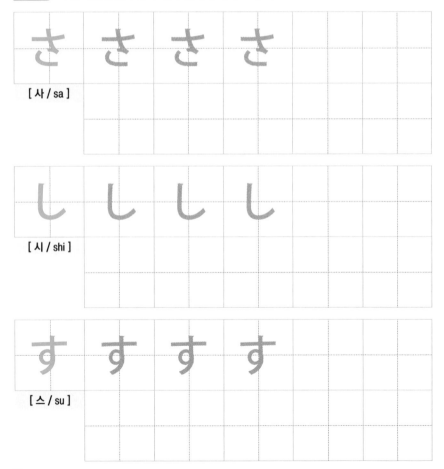

さ さ さ さ

[사 / sa]

し し し し

[시 / shi]

す す す す

[스 / su]

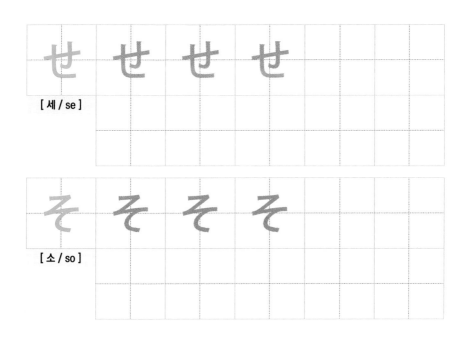

세

[세 / se]

소

[소 / so]

행 전체를 연이어 소리 내어 말하며 3번씩 써 보세요.

[사 / sa]	[시 / shi]	[스 / su]	[세 / se]	[소 / so]

📖 청음 - た행

MP3_04

た ち っ て と

[타 / ta]　　　[치 / chi]　　　[츠 / tsu]　　　[테 / te]　　　[토 / to]

STEP 1 각 글자를 10번씩 소리 내어 말하며 따라 쓰세요.

た　た　た　た
[타 / ta]

ち　ち　ち　ち
[치 / chi]

つ　つ　つ　つ
[츠 / tsu]

18

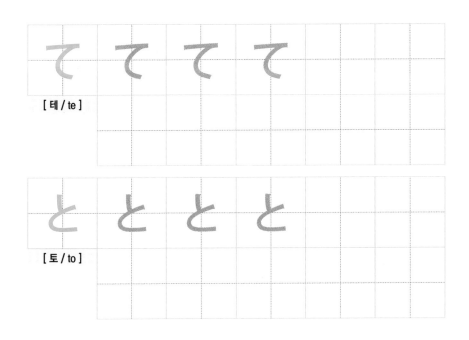

[테 / te]

[토 / to]

STEP 2 행 전체를 연이어 소리 내어 말하며 3번씩 써 보세요.

[타 / ta]	[치 / chi]	[츠 / tsu]	[테 / te]	[토 / to]

MP3_05

な に ぬ ね の

[나 / na]　　[니 / ni]　　[누 / nu]　　[네 / ne]　　[노 / no]

STEP 1 각 글자를 10번씩 소리 내어 말하며 따라 쓰세요.

な な な な

[나 / na]

に に に に

[니 / ni]

ぬ ぬ ぬ ぬ

[누 / nu]

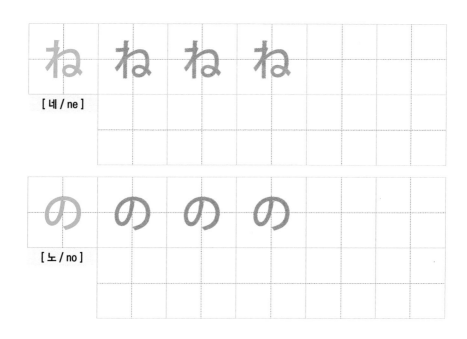

[네 / ne]

[노 / no]

STEP 2 행 전체를 연이어 소리 내어 말하며 3번씩 써 보세요.

[나 / na]		[니 / ni]		[누 / nu]		[네 / ne]		[노 / no]	

MP3_06

は ひ ふ へ ほ

[하 / ha]　　[히 / hi]　　[후 / hu]　　[헤 / he]　　[호 / ho]

STEP 1 각 글자를 10번씩 소리 내어 말하며 따라 쓰세요.

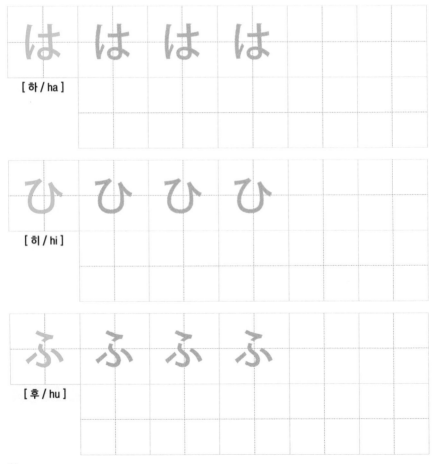

は　は　は　は

[하 / ha]

ひ　ひ　ひ　ひ

[히 / hi]

ふ　ふ　ふ　ふ

[후 / hu]

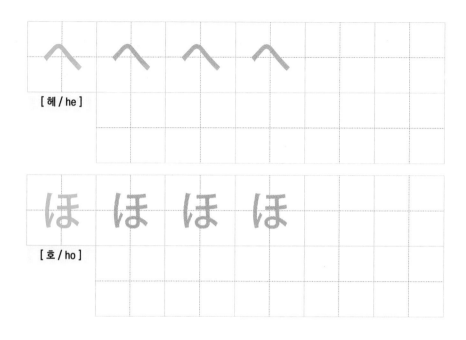

[헤 / he]

[호 / ho]

행 전체를 연이어 소리 내어 말하며 3번씩 써 보세요.

[하 / ha]	[히 / hi]	[후 / hu]	[헤 / he]	[호 / ho]

📖 청음 – ま행

MP3_07

ま み む め も

[마 / ma]   [미 / mi]   [무 / mu]   [메 / me]   [모 / mo]

STEP 1 각 글자를 10번씩 소리 내어 말하며 따라 쓰세요.

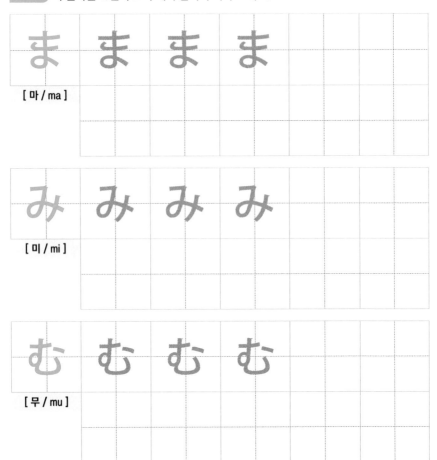

ま　ま　ま　ま

[마 / ma]

み　み　み　み

[미 / mi]

む　む　む　む

[무 / mu]

24

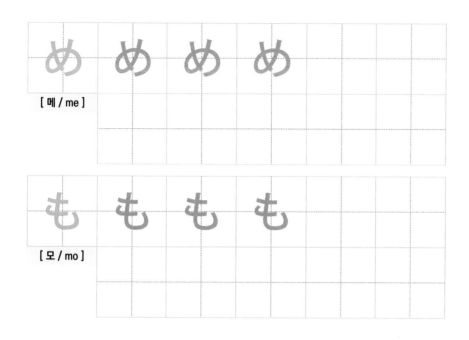

[메 / me]

[모 / mo]

STEP 2 행 전체를 연이어 소리 내어 말하며 3번씩 써 보세요.

[마 / ma]	[미 / mi]	[무 / mu]	[메 / me]	[모 / mo]

청음 – や행

MP3_08

や　ゆ　よ

[야 / ya]　　[유 / yu]　　[요 / yo]

STEP 1 각 글자를 10번씩 소리 내어 말하며 따라 쓰세요.

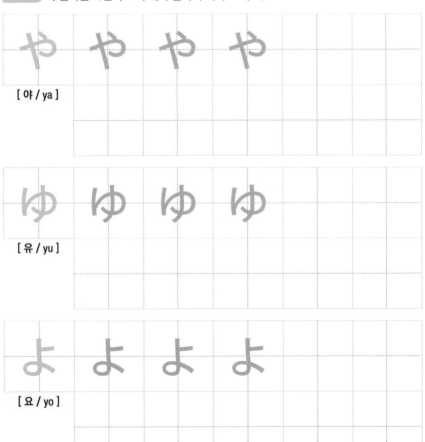

행 전체를 연이어 소리 내어 말하며 5번씩 써 보세요.

[야 / ya]		[유 / yu]		[요 / yo]	

ら り る れ ろ

[라 / ra]　　[리 / ri]　　[루 / ru]　　[레 / re]　　[로 / ro]

STEP 1 각 글자를 10번씩 소리 내어 말하며 따라 쓰세요.

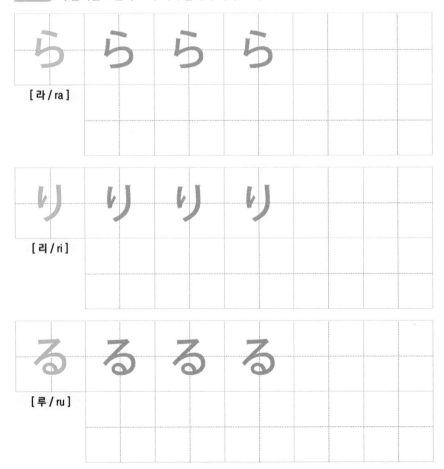

ら	ら	ら	ら		
[라 / ra]

り	り	り	り		
[리 / ri]

る	る	る	る		
[루 / ru]

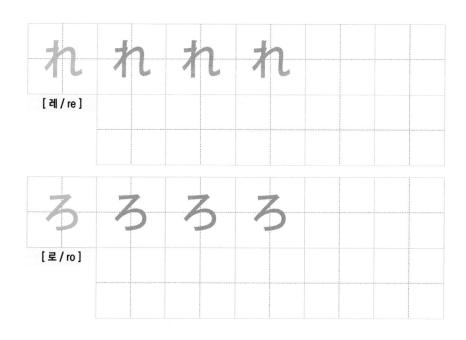

[레 / re]

[로 / ro]

STEP 2 행 전체를 연이어 소리 내어 말하며 3번씩 써 보세요.

[라 / ra]	[리 / ri]	[루 / ru]	[레 / re]	[로 / ro]

MP3_10

わ を ん

[와 / wa]   [오 / o]   [은 / n]

STEP 1 각 글자를 10번씩 소리 내어 말하며 따라 쓰세요.

わ わ わ わ

[와 / wa]

を を を を

[오 / o]

ん ん ん ん

[은 / n]

행 전체를 연이어 소리 내어 말하며 5번씩 써 보세요.

[와 / wa]	[오 / o]	[은 / n]

탁음 - が행

MP3_11

が ぎ ぐ げ ご

[가 / ga]　　[기 / gi]　　[구 / gu]　　[게 / ge]　　[고 / go]

STEP 1 각 글자를 10번씩 소리 내어 말하며 따라 쓰세요.

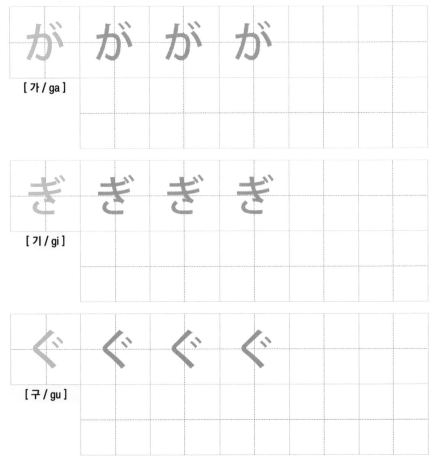

が　が　が　が

[가 / ga]

ぎ　ぎ　ぎ　ぎ

[기 / gi]

ぐ　ぐ　ぐ　ぐ

[구 / gu]

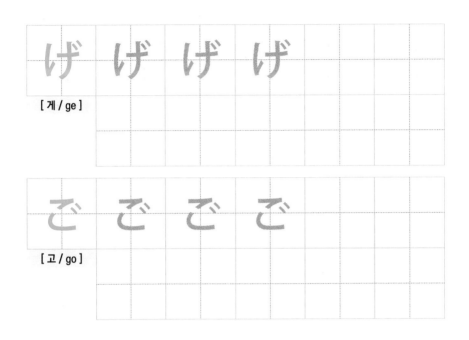

[게 / ge]

[고 / go]

행 전체를 연이어 소리 내어 말하며 3번씩 써 보세요.

[가 / ga]	[기 / gi]	[구 / gu]	[게 / ge]	[고 / go]

📖 탁음 - ざ행

ざ　じ　ず　ぜ　ぞ

[자 / za]　　[지 / ji]　　[즈 / zu]　　[제 / ze]　　[조 / zo]

STEP 1 각 글자를 10번씩 소리 내어 말하며 따라 쓰세요.

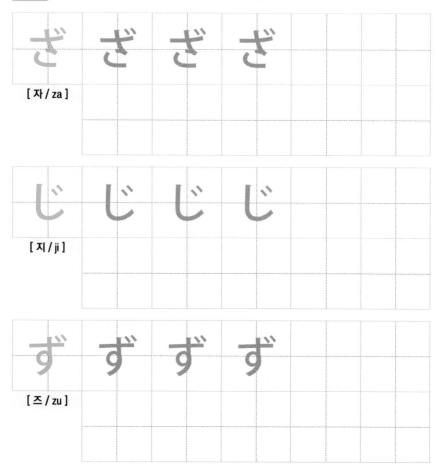

ざ　ざ　ざ　ざ

[자 / za]

じ　じ　じ　じ

[지 / ji]

ず　ず　ず　ず

[즈 / zu]

34

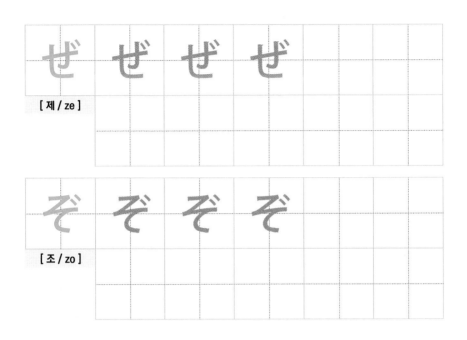

[제 / ze]

[조 / zo]

행 전체를 연이어 소리 내어 말하며 3번씩 써 보세요.

[자 / za]	[지 / ji]	[즈 / zu]	[제 / ze]	[조 / zo]

 **탁음 - だ행**

MP3_13

だ ぢ づ で ど

[다 / da]　　[지 / ji]　　[즈 / zu]　　[데 / de]　　[도 / do]

STEP 1　각 글자를 10번씩 소리 내어 말하며 따라 쓰세요.

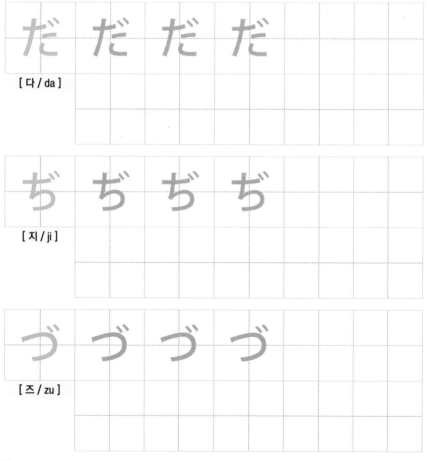

だ　だ　だ　だ

[다 / da]

ぢ　ぢ　ぢ　ぢ

[지 / ji]

づ　づ　づ　づ

[즈 / zu]

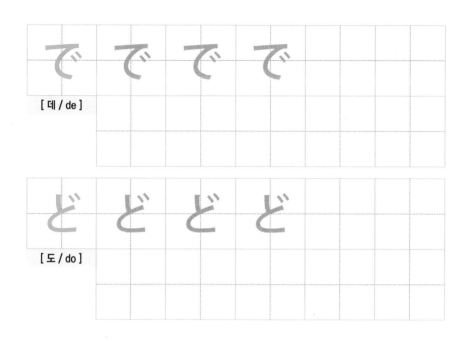

[데 / de]

[도 / do]

STEP 2 행 전체를 연이어 소리 내어 말하며 3번씩 써 보세요.

[다 / da]	[지 / ji]	[즈 / zu]	[데 / de]	[도 / do]

탁음 – ば행

 MP3_14

ば び ぶ べ ぼ

[바 / ba]   [비 / bi]   [부 / bu]   [베 / be]   [보 / bo]

STEP 1 각 글자를 10번씩 소리 내어 말하며 따라 쓰세요.

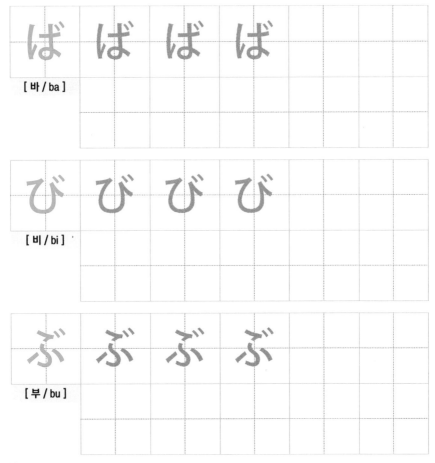

ば ば ば ば
[바 / ba]

び び び び
[비 / bi]

ぶ ぶ ぶ ぶ
[부 / bu]

38

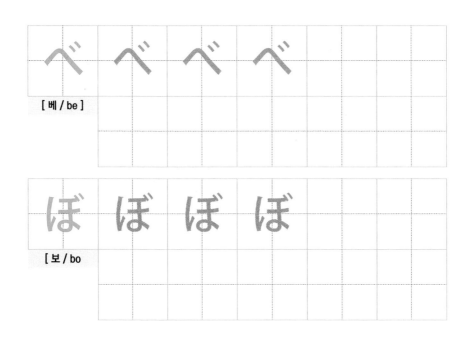

[베 / be]

[보 / bo]

행 전체를 연이어 소리 내어 말하며 3번씩 써 보세요.

[바 / ba]	[비 / bi]	[부 / bu]	[베 / be]	[보 / bo]

MP3_15

ぱ	ぴ	ぷ	ぺ	ぽ
[파 / pa]	[피 / pi]	[푸 / pu]	[페 / pe]	[포 / po]

STEP 1 각 글자를 10번씩 소리 내어 말하며 따라 쓰세요.

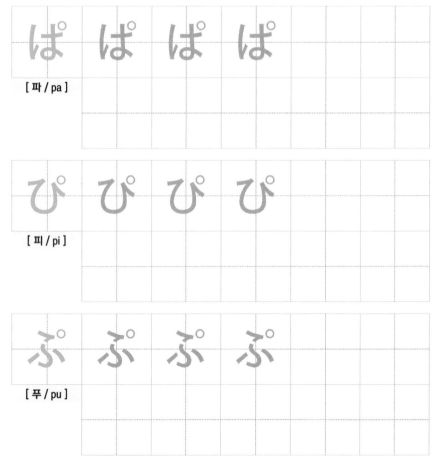

ぱ ぱ ぱ ぱ

[파 / pa]

ぴ ぴ ぴ ぴ

[피 / pi]

ぷ ぷ ぷ ぷ

[푸 / pu]

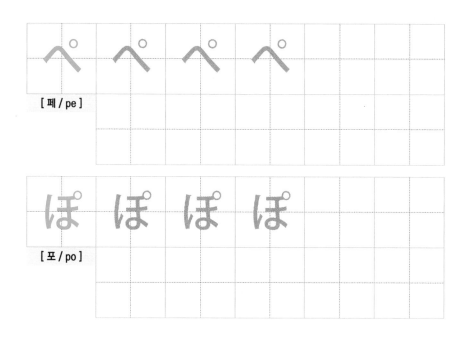

[페 / pe]

[포 / po]

행 전체를 연이어 소리 내어 말하며 3번씩 써 보세요.

[파 / pa]	[피 / pi]	[푸 / pu]	[페 / pe]	[포 / po]

요음

💬 각 글자를 2번씩 소리 내어 말하며 따라 쓰세요.

きゃ			しゃ		
[캬 / kya]			[샤 / shya]		
きゅ			しゅ		
[큐 / kyu]			[슈 / shyu]		
きょ			しょ		
[쿄 / kyo]			[쇼 / shyo]		
ちゃ			にゃ		
[챠 / chya]			[냐 / nya]		
ちゅ			にゅ		
[츄 / chyu]			[뉴 / nyu]		
ちょ			にょ		
[쵸 / chyo]			[뇨 / nyo]		
ひゃ			みゃ		
[햐 / hya]			[먀 / mya]		
ひゅ			みゅ		
[휴 / hyu]			[뮤 / myu]		
ひょ			みょ		
[효 / hyo]			[묘 / myo]		

りゃ			ぎゃ		
[랴 / rya]			[갸 / gya]		
りゅ			ぎゅ		
[류 / ryu]			[규 / gyu]		
りょ			ぎょ		
[료 / ryo]			[교 / gyo]		
じゃ			ぢゃ		
[쟈 / jya]			[쟈 / jya]		
じゅ			ぢゅ		
[쥬 / jyu]			[쥬 / jyu]		
じょ			ぢょ		
[죠 / jyo]			[죠 / jyo]		
びゃ			ぴゃ		
[뱌 / bya]			[퍄 / pya]		
びゅ			ぴゅ		
[뷰 / byu]			[퓨 / pyu]		
びょ			ぴょ		
[뵤 / byo]			[표 / pyo]		

📝 히라가나 표 완성해 보기

	[아 / a]	[이 / i]	[우 / u]	[에 / e]	[오 / o]
	[카 / ka]	[키 / ki]	[쿠 / ku]	[케 / ke]	[코 / ko]
	[사 / sa]	[시 / shi]	[스 / su]	[세 / se]	[소 / so]
청음	[타 / ta]	[치 / chi]	[츠 / tsu]	[테 / te]	[토 / to]
	[나 / na]	[니 / ni]	[누 / nu]	[네 / ne]	[노 / no]
	[하 / ha]	[히 / hi]	[후 / hu]	[헤 / he]	[호 / ho]
	[마 / ma]	[미 / mi]	[무 / mu]	[메 / me]	[모 / mo]
	[야 / ya]		[유 / yu]		[요 / yo]

	[라 / ra]	[리 / ri]	[루 / ru]	[레 / re]	[로 / ro]
	[와 / wa]				[오 / o]
					[응 / n]
	[가 / ga]	[기 / gi]	[구 / gu]	[게 / ge]	[고 / go]
탁음	[자 / za]	[지 / ji]	[즈 / zu]	[제 / ze]	[조 / zo]
	[다 / da]	[지 / ji]	[즈 / zu]	[데 / de]	[도 / do]
	[바 / ba]	[비 / bi]	[부 / bu]	[베 / be]	[보 / bo]
반탁음	[파 / pa]	[피 / pi]	[푸 / pu]	[페 / pe]	[포 / po]

2 가타카나 읽고 쓰기

'가타카나' 역시 '히라가나'와 마찬가지로 46개의 [청음(맑은 소리)]으로 구성돼 있고, 청음의 'カ/サ/タ/ハ행' 오른쪽 위에 탁점(゛)이 붙은 탁한 소리는 [탁음], 청음의 'ハ행' 오른쪽 위에 반탁점(゜)이 붙은 반만 탁한 소리는 [반탁음]이라 합니다.

		ア단	イ단	ウ단	エ단	オ단
청음	ア행	ア [아]	イ [이]	ウ [우]	エ [에]	オ [오]
	カ행	カ [카]	キ [키]	ク [쿠]	ケ [케]	コ [코]
	サ행	サ [사]	シ [시]	ス [스]	セ [세]	ソ [소]
	タ행	タ [타]	チ [치]	ツ [츠]	テ [테]	ト [토]
	ナ행	ナ [나]	ニ [니]	ヌ [누]	ネ [네]	ノ [노]
	ハ행	ハ [하]	ヒ [히]	フ [후]	ヘ [헤]	ホ [호]
	マ행	マ [마]	ミ [미]	ム [무]	メ [메]	モ [모]
	ヤ행	ヤ [야]		ユ [유]		ヨ [요]
	ラ행	ラ [라]	リ [리]	ル [루]	レ [레]	ロ [로]
	ワ행	ワ [와]				ヲ [오]
						ン [은]
탁음	ガ행	ガ [가]	ギ [기]	グ [구]	ゲ [게]	ゴ [고]
	ザ행	ザ [자]	ジ [지]	ズ [즈]	ゼ [제]	ゾ [조]
	ダ행	ダ [다]	ヂ [지]	ヅ [즈]	デ [데]	ド [도]
	バ행	バ [바]	ビ [비]	ブ [부]	ベ [베]	ボ [보]
반탁음	パ행	パ [파]	ピ [피]	プ [푸]	ペ [페]	ポ [포]

그리고 'イ를 제외한 イ단(キ/シ/チ/ニ/ヒ/ミ/リ/ギ/ジ/ヂ/ビ/ピ)에 반모음인 'ヤ행(ャ/ュ/ョ)이 작게 붙어서 만들어진 두 글자가 한 글자처럼 발음되는 것을 [요음]이라고 합니다.

(예: キャ [키야 → 캬], シュ [시유 → 슈], チョ [치요 → 쵸])

		+ヤ [야]	+ュ [유]	+ョ [요]
요음	キ+ [키]	キャ [캬]	キュ [큐]	キョ [쿄]
	シ+ [시]	シャ [샤]	シュ [슈]	ショ [쇼]
	チ+ [치]	チャ [챠]	チュ [츄]	チョ [쵸]
	ニ+ [니]	ニャ [냐]	ニュ [뉴]	ニョ [뇨]
	ヒ+ [히]	ヒャ [햐]	ヒュ [휴]	ヒョ [효]
	ミ+ [미]	ミャ [먀]	ミュ [뮤]	ミョ [묘]
	リ+ [리]	リャ [랴]	リュ [류]	リョ [료]
	ギ+ [기]	ギャ [갸]	ギュ [규]	ギョ [교]
	ジ+ [지]	ジャ [쟈]	ジュ [쥬]	ジョ [죠]
	ヂ+ [지]	ヂャ [쟈]	ヂュ [쥬]	ヂョ [죠]
	ビ+ [비]	ビャ [뱌]	ビュ [뷰]	ビョ [뵤]
	ピ+ [피]	ピャ [퍄]	ピュ [퓨]	ピョ [표]

자, 그럼 이제부터 본격적으로 한 글자씩 따라 쓰며

가타카나를 머릿속에 각인시켜 봅시다.

📖 청음 - ア행

MP3_17

ア イ ウ エ オ

| [아/a] | [이/i] | [우/u] | [에/e] | [오/o] |

STEP 1 각 글자를 10번씩 소리 내어 말하며 따라 쓰세요.

ア ア ア ア
[아 / a]

イ イ イ イ
[이 / i]

ウ ウ ウ ウ
[우 / u]

48

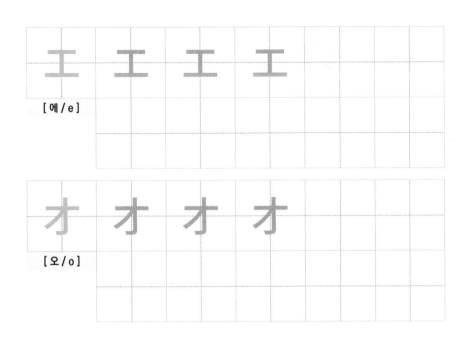

工 工 工 工

[에 / e]

才 才 才 才

[오 / o]

STEP 2 행 전체를 연이어 소리 내어 말하며 3번씩 써 보세요.

[아 / a]		[이 / i]		[우 / u]		[에 / e]		[오 / o]	

 **청음 - カ행**

カ　キ　ク　ケ　コ

[카 / ka]　　[키 / ki]　　[쿠 / ku]　　[케 / ke]　　[코 / ko]

STEP 1　각 글자를 10번씩 소리 내어 말하며 따라 쓰세요.

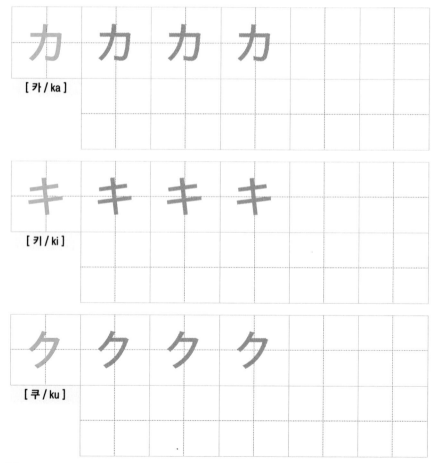

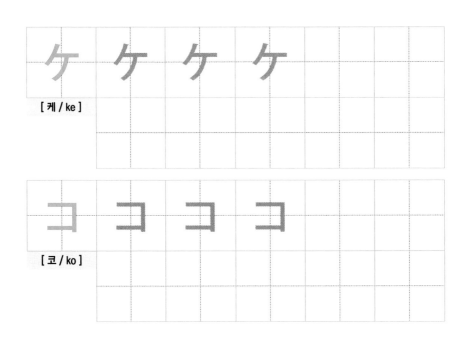

[케 / ke]

[코 / ko]

STEP 2 행 전체를 연이어 소리 내어 말하며 3번씩 써 보세요.

[카 / ka]	[키 / ki]	[쿠 / ku]	[케 / ke]	[코 / ko]

サ シ ス セ ソ

[사 / sa]　　[시 / shi]　　[스 / su]　　[세 / se]　　[소 / so]

STEP 1 각 글자를 10번씩 소리 내어 말하며 따라 쓰세요.

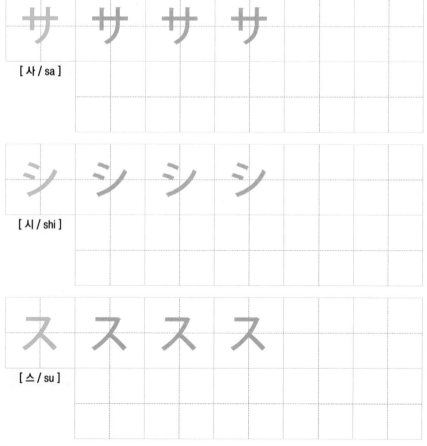

サ	サ	サ	サ			
[사 / sa]						

シ	シ	シ	シ			
[시 / shi]						

ス	ス	ス	ス			
[스 / su]						

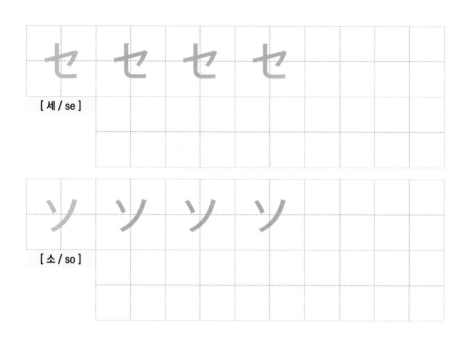

[세 / se]

[소 / so]

STEP 2 행 전체를 연이어 소리 내어 말하며 3번씩 써 보세요.

[사 / sa]	[시 / shi]	[스 / su]	[세 / se]	[소 / so]

タ チ ツ テ ト

[타 / ta]　　[치 / chi]　　[츠 / tsu]　　[테 / te]　　[토 / to]

STEP 1 각 글자를 10번씩 소리 내어 말하며 따라 쓰세요.

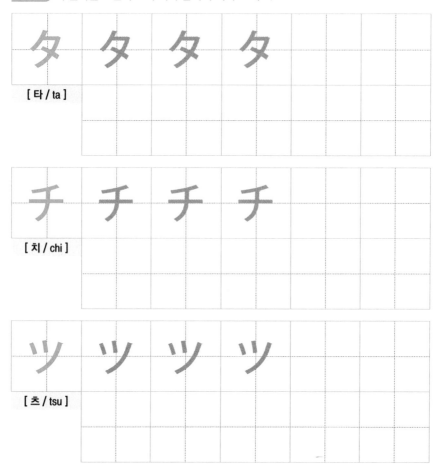

タ タ タ タ
[타 / ta]

チ チ チ チ
[치 / chi]

ツ ツ ツ ツ
[츠 / tsu]

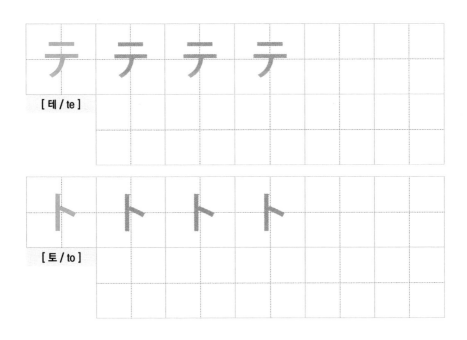

[테 / te]

[토 / to]

STEP 2 행 전체를 연이어 소리 내어 말하며 3번씩 써 보세요.

[타 / ta]	[치 / chi]	[츠 / tsu]	[테 / te]	[토 / to]

 청음 – ナ행

 MP3_21

ナ　ニ　ヌ　ネ　ノ

[나 / na]　　[니 / ni]　　[누 / nu]　　[네 / ne]　　[노 / no]

STEP 1 각 글자를 10번씩 소리 내어 말하며 따라 쓰세요.

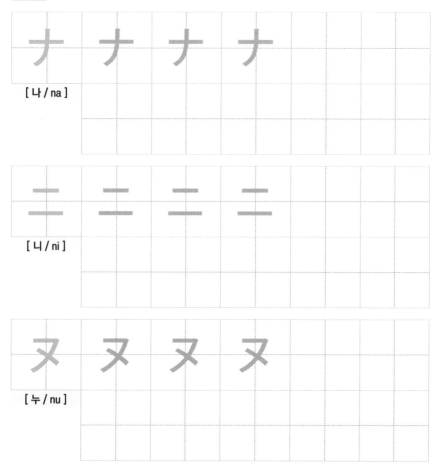

ナ ナ ナ ナ

[나 / na]

ニ ニ ニ ニ

[니 / ni]

ヌ ヌ ヌ ヌ

[누 / nu]

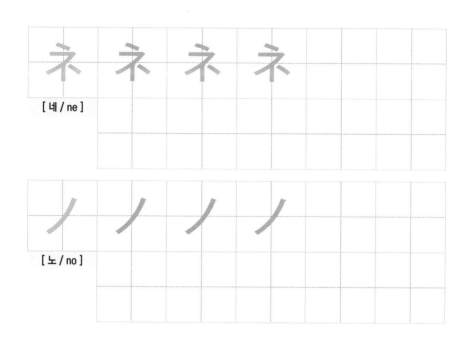

[네 / ne]

[노 / no]

STEP 2 행 전체를 연이어 소리 내어 말하며 3번씩 써 보세요.

[나 / na]	[니 / ni]	[누 / nu]	[네 / ne]	[노 / no]

MP3_22

ハ ヒ フ へ ホ

[하 / ha]　　[히 / hi]　　[후 / hu]　　[헤 / he]　　[호 / ho]

STEP 1 각 글자를 10번씩 소리 내어 말하며 따라 쓰세요.

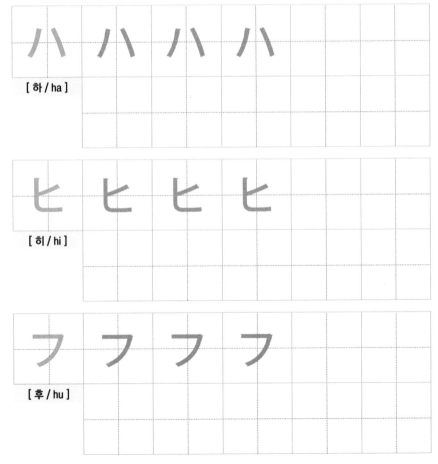

ハ ハ ハ ハ
[하 / ha]

ヒ ヒ ヒ ヒ
[히 / hi]

フ フ フ フ
[후 / hu]

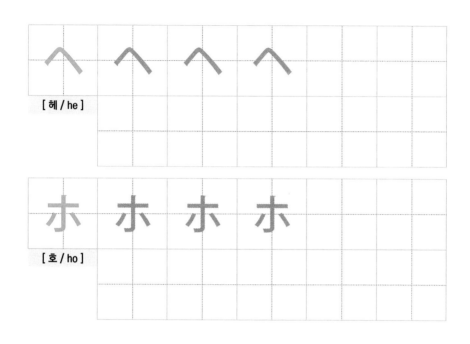

[헤 / he]

[호 / ho]

STEP 2 행 전체를 연이어 소리 내어 말하며 3번씩 써 보세요.

[하 / ha]	[히 / hi]	[후 / hu]	[헤 / he]	[호 / ho]

 **청음 - マ행**

MP3_23

マ　ミ　ム　メ　モ

[마 / ma]　　[미 / mi]　　[무 / mu]　　[메 / me]　　[모 / mo]

STEP 1 각 글자를 10번씩 소리 내어 말하며 따라 쓰세요.

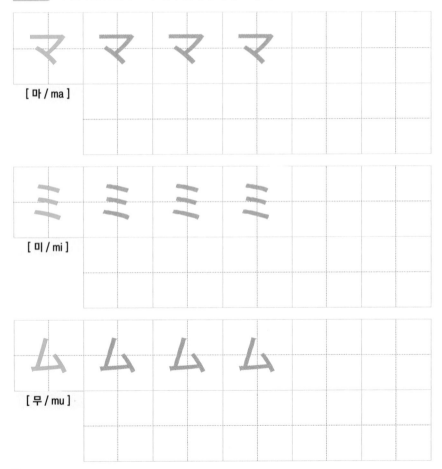

マ
[마 / ma]

ミ
[미 / mi]

ム
[무 / mu]

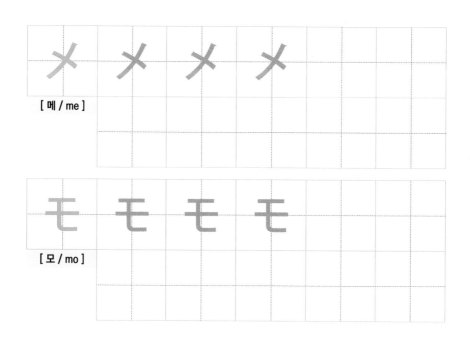

[메 / me]

[모 / mo]

행 전체를 연이어 소리 내어 말하며 3번씩 써 보세요.

[마 / ma]	[미 / mi]	[무 / mu]	[메 / me]	[모 / mo]

ヤ　ユ　ヨ

ヤ [야 / ya]　　**ユ** [유 / yu]　　**ヨ** [요 / yo]

MP3_24

STEP 1 각 글자를 10번씩 소리 내어 말하며 따라 쓰세요.

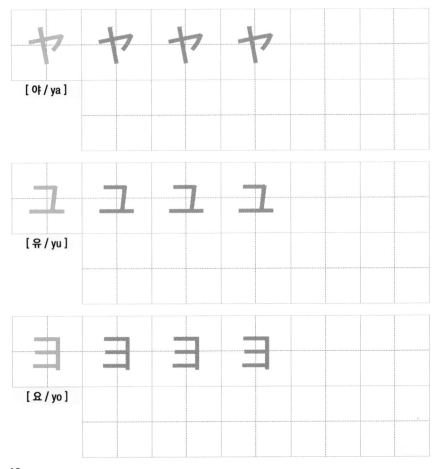

[야 / ya]

[유 / yu]

[요 / yo]

STEP 2 행 전체를 연이어 소리 내어 말하며 5번씩 써 보세요.

[야 / ya]		[유 / yu]		[요 / yo]	

MP3_25

ラ リ ル レ ロ

[라 / ra]　　[리 / ri]　　[루 / ru]　　[레 / re]　　[로 / ro]

STEP 1　각 글자를 10번씩 소리 내어 말하며 따라 쓰세요.

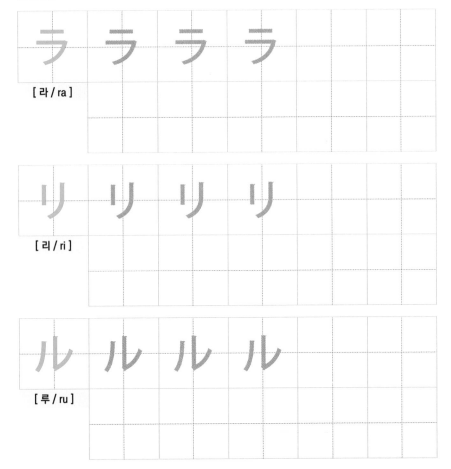

ラ ラ ラ ラ ラ
[라 / ra]

リ リ リ リ リ
[리 / ri]

ル ル ル ル ル
[루 / ru]

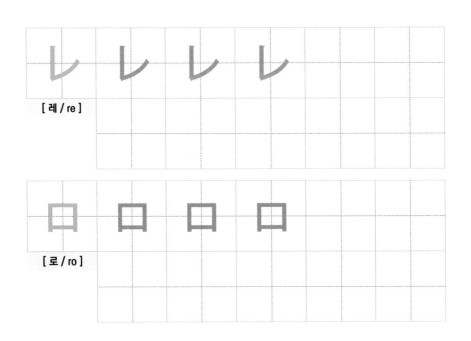

[레 / re]

[로 / ro]

STEP 2 행 전체를 연이어 소리 내어 말하며 3번씩 써 보세요.

[라 / ra]	[리 / ri]	[루 / ru]	[레 / re]	[로 / ro]

📖 청음 - ワ행 & ン

ワ　ヲ　ン

[와 / wa]　[오 / o]　[은 / n]

STEP 1 각 글자를 10번씩 소리 내어 말하며 따라 쓰세요.

ワ　ワ　ワ　ワ

[와 / wa]

ヲ　ヲ　ヲ　ヲ

[오 / o]

ン　ン　ン　ン

[은 / n]

행 전체를 연이어 소리 내어 말하며 5번씩 써 보세요.

[와 / wa]		[오 / o]		[은 / n]	

67

ガ	ギ	グ	ゲ	ゴ
[가 / ga]	[기 / gi]	[구 / gu]	[게 / ge]	[고 / go]

STEP 1 각 글자를 10번씩 소리 내어 말하며 따라 쓰세요.

ガ	ガ	ガ	ガ			
[가 / ga]						

ギ	ギ	ギ	ギ			
[기 / gi]						

グ	グ	グ	グ			
[구 / gu]						

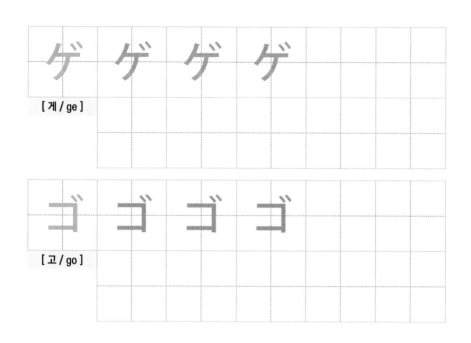

ゲ	ゲ	ゲ	ゲ			
[게 / ge]						

ゴ	ゴ	ゴ	ゴ			
[고 / go]						

STEP 2 행 전체를 연이어 소리 내어 말하며 3번씩 써 보세요.

[가 / ga]	[기 / gi]	[구 / gu]	[게 / ge]	[고 / go]

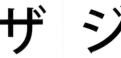
ザ ジ ズ ゼ ゾ

[자 / za]　　　[지 / ji]　　　[즈 / zu]　　　[제 / ze]　　　[조 / zo]

STEP 1 각 글자를 10번씩 소리 내어 말하며 따라 쓰세요.

ザ　ザ　ザ　ザ

[자 / za]

ジ　ジ　ジ　ジ

[지 / ji]

ズ　ズ　ズ　ズ

[즈 / zu]

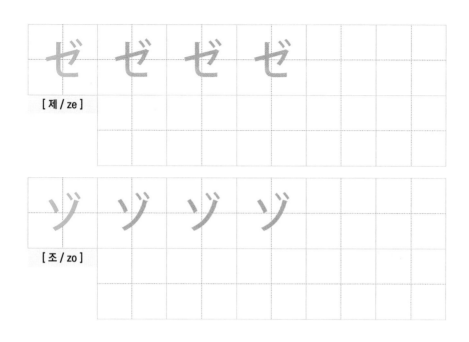

[제 / ze]

[조 / zo]

행 전체를 연이어 소리 내어 말하며 3번씩 써 보세요.

[자 / za]	[지 / ji]	[즈 / zu]	[제 / ze]	[조 / zo]

📖 탁음 – ダ행

MP3_29

ダ	ヂ	ヅ	デ	ド
[다 / da]	[지 / ji]	[즈 / zu]	[데 / de]	[도 / do]

STEP 1 각 글자를 10번씩 소리 내어 말하며 따라 쓰세요.

ダ ダ ダ ダ
[다 / da]

ヂ ヂ ヂ ヂ
[지 / ji]

ヅ ヅ ヅ ヅ
[즈 / zu]

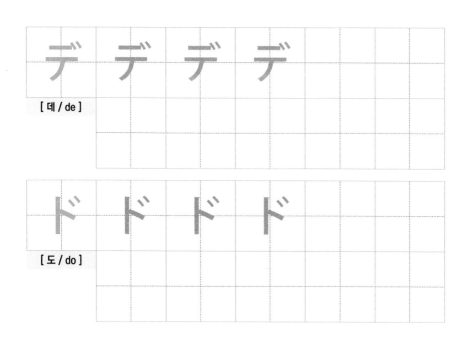

[데 / de]

[도 / do]

STEP 2 행 전체를 연이어 소리 내어 말하며 3번씩 써 보세요.

[다 / da]	[지 / ji]	[즈 / zu]	[데 / de]	[도 / do]

탁음 – バ행

MP3_30

バ
[바 / ba]

ビ
[비 / bi]

ブ
[부 / bu]

ベ
[베 / be]

ボ
[보 / bo]

STEP 1 각 글자를 10번씩 소리 내어 말하며 따라 쓰세요.

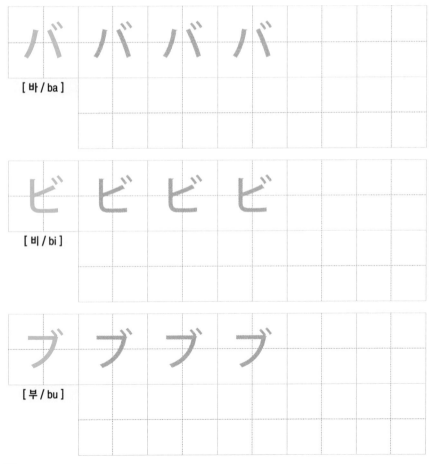

バ バ バ バ

[바 / ba]

ビ ビ ビ ビ

[비 / bi]

ブ ブ ブ ブ

[부 / bu]

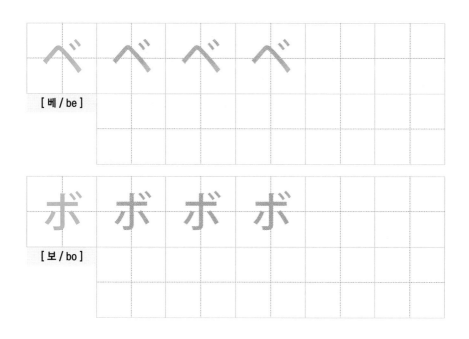

ベ						
[베 / be]						

ボ						
[보 / bo]						

행 전체를 연이어 소리 내어 말하며 3번씩 써 보세요.

[바 / ba]	[비 / bi]	[부 / bu]	[베 / be]	[보 / bo]

📖 반탁음 - パ행

 MP3_31

パ	ピ	プ	ペ	ポ
[파 / pa]	[피 / pi]	[푸 / pu]	[페 / pe]	[포 / po]

STEP 1 각 글자를 10번씩 소리 내어 말하며 따라 쓰세요.

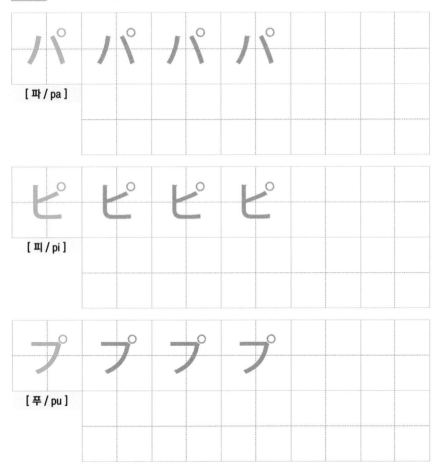

[파 / pa]

[피 / pi]

[푸 / pu]

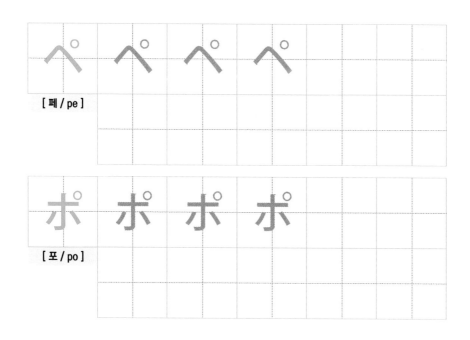

[페 / pe]

[포 / po]

행 전체를 연이어 소리 내어 말하며 3번씩 써 보세요.

[파 / pa]	[피 / pi]	[푸 / pu]	[페 / pe]	[포 / po]

요음

💬 각 글자를 2번씩 소리 내어 말하며 따라 쓰세요.

キャ			シャ		
[캬 / kya]			[샤 / shya]		
キュ			シュ		
[큐 / kyu]			[슈 / shyu]		
キョ			ショ		
[쿄 / kyo]			[쇼 / shyo]		
チャ			ニャ		
[챠 / chya]			[냐 / nya]		
チュ			ニュ		
[츄 / chyu]			[뉴 / nyu]		
チョ			ニョ		
[쵸 / chyo]			[뇨 / nyo]		
ヒャ			ミャ		
[햐 / hya]			[먀 / mya]		
ヒュ			ミュ		
[휴 / hyu]			[뮤 / myu]		
ヒョ			ミョ		
[효 / hyo]			[묘 / myo]		

リャ			ギャ		
	[랴 / rya]			[갸 / gya]	
リュ			ギュ		
	[류 / ryu]			[규 / gyu]	
リョ			ギョ		
	[료 / ryo]			[교 / gyo]	
ジャ			ヂャ		
	[쟈 / jya]			[쟈 / jya]	
ジュ			ヂュ		
	[쥬 / jyu]			[쥬 / jyu]	
ジョ			ヂョ		
	[죠 / jyo]			[죠 / jyo]	
ビャ			ピャ		
	[뱌 / bya]			[퍄 / pya]	
ビュ			ピュ		
	[뷰 / byu]			[퓨 / pyu]	
ビョ			ピョ		
	[뵤 / byo]			[표 / pyo]	

📝 가타카나 표 완성해 보기

[아 / a]	[이 / i]	[우 / u]	[에 / e]	[오 / o]
[카 / ka]	[키 / ki]	[쿠 / ku]	[케 / ke]	[코 / ko]
[사 / sa]	[시 / shi]	[스 / su]	[세 / se]	[소 / so]
[타 / ta]	[치 / chi]	[츠 / tsu]	[테 / te]	[토 / to]
[나 / na]	[니 / ni]	[누 / nu]	[네 / ne]	[노 / no]
[하 / ha]	[히 / hi]	[후 / hu]	[헤 / he]	[호 / ho]
[마 / ma]	[미 / mi]	[무 / mu]	[메 / me]	[모 / mo]
[야 / ya]		[유 / yu]		[요 / yo]

청음

	[라 / ra]	[리 / ri]	[루 / ru]	[레 / re]	[로 / ro]
	[와 / wa]				[오 / o]
					[은 / n]
	[가 / ga]	[기 / gi]	[구 / gu]	[게 / ge]	[고 / go]
탁음	[자 / za]	[지 / ji]	[즈 / zu]	[제 / ze]	[조 / zo]
	[다 / da]	[지 / ji]	[즈 / zu]	[데 / de]	[도 / do]
	[바 / ba]	[비 / bi]	[부 / bu]	[베 / be]	[보 / bo]
반탁음	[파 / pa]	[피 / pi]	[푸 / pu]	[페 / pe]	[포 / po]

3 일본어 단어 읽고 쓰기

앞서 우린 '히라가나/가타카나'가 기본적으로 맑은 소리가 나는 46개의 '청음'으로 구성되어 있으며 청음에 탁점(ﾞ)/반탁점(ﾟ)이 붙게 되면 '탁음/반탁음'이 되고 い를 제외한 い단과 や행의 반모음 3개가 결합하면 한 글자처럼 발음되는 '요음'이 된다고 배웠습니다. 하지만 일본어 단어를 읽을 땐 위와 같은 기본적인 발음들 외에 '된소리/발음[ん]/촉음[っ]/장음'이라는 추가적인 발음 규칙들까지 알아야 제대로 읽을 수 있습니다. 이번 시간엔 앞서 배운 기본 발음들 외에 추가로 알아 둬야 할 발음 규칙들까지 배운 후 일본어 단어를 읽고 쓰는 연습을 해 보겠습니다.

★ 앞서 배운 기본 발음들 ★

청음	46개의 문자로 된 맑은 소리.
탁음	청음에 '탁점(ﾞ)'이 붙어 만들어진 20개의 탁한 소리.
반탁음	청음에 '반탁점(ﾟ)'이 붙어 만들어진 5개의 반만 탁한 소리.
요음	'い단(い 제외) + や행' 형태의 한 글자처럼 발음되는 36개의 소리.

★ 추가로 알아 둬야 할 발음 규칙들 ★

된소리	청음인 'か행, た행'과 반탁음인 'ぱ행'은 2음절부터 위치할 땐 된소리처럼 발음되는 느낌이 있음.
발음[ん]	앞에 있는 글지의 '받침 글자'와 같은 역할을 하는 것으로서 뒤에 오는 글자에 따라 [ㅇ/ㄴ/ㅁ/ㄴ(ㅇ)]로 발음됨.
촉음[っ]	앞에 있는 글자의 '받침 글자'와 같은 역할을 하는 것으로서 뒤에 오는 글자에 따라 [ㄱ/ㅅ/ㄷ/ㅂ]로 발음됨.
장음	같은 모음 2개 혹은 특정 모음 2개가 결합했을 경우 앞 글자를 길게 한 박자로 발음하는 소리. (가타카나로 된 단어에선 장음 부호(ー)로 장음 표시)

かわいい | あかい | きたい | えき | くるま | ふくろ

けが | いけ | こども | じこ | たかい | いたい | つらい

くつ | ちしき | みち | てがみ | たてる | とまる | あと

パン | ペーパー | ピアノ | レシピ | プラス

テープ | ページ | カナッペ | ポスター | キョポ

かんこく | まんが | けんさ | ばんざい | せんたく

もんだい | あんない | けんり | さんま | げんば

でんば | れんあい | こんばんは | こんや | かんわ

かばん | みっか | にっき | しっけ | じっこ | ほっさ

ざっし | しゅっせ | いっそ | たった | こっち | あさって

ずっと | とっぱ | しゅっぴ | きっぷ | しっぽ | おかあさん

おばあさん | おにいさん | おいしい | くうき | ゆうき

おねえさん | せんせい | おおい | おとうさん

된소리

'か행[카/키/쿠/케/쿠], た행[타/치/츠/테/토], ぱ행[파/피/푸/페/포] (*가타카나의 경우 カ행, タ행, パ행)'은 아래와 같이 <u>2음절부터</u> 위치할 땐 된소리처럼 발음되는 느낌이 있습니다. 앞 글자에 연이어 발음할 때 '아카이 → 아까이, 후쿠로 → 후꾸로, 테-푸 → 테-뿌'와 같이 발음되는 느낌이 있는 것이죠. 하지만 일본인들에겐 청음 그대로이든 된소리이든 이 둘이 똑같다고 느껴집니다.

か행	2음절부턴 [까/끼/꾸/께/꼬]처럼 발음되는 느낌이 있음. · **あかい** [아[까]이] = 빨갛다 · **えき** [에[끼]] = 역, 정거장 · **ふくろ** [후[꾸]로] = 자루 · **いけ** [이[께]] = 연못 · **じこ** [지[꼬]] = 사고
た행	2음절부턴 [따/찌/쯔/떼/또]처럼 발음되는 느낌이 있음. · **いたい** [이[따]이] = 아프다 · **くつ** [쿠[쯔]] = 구두 · **みち** [미[찌]] = 길 · **たてる** [타[떼]루] = 세우다 · **あと** [아[또]] = 뒤(쪽)
ぱ행	2음절부턴 [빠/삐/뿌/뻬/뽀]처럼 발음되는 느낌이 있음. · **ペーパー** [페-[빠]-] = 페이퍼 · **レシピ** [레시[삐]] = 레시피 · **テープ** [테-[뿌]] = 테이프 · **カナッペ** [카나[뻬]] = 카나페 · **トッポッキ** [토[뽀]ㄱ키[끼]] = 떡볶이

 **발음[ん]**

'발음'이라고 지칭되는 'ん(카타카나의 경우 ン)'은 ん 앞에 있는 글자의 '받침 글자'처럼 발음됩니다. 그런데 한국어에선 받침 글자가 반 박자 길이로 뭉뚱그려 발음되지만 일본어에선 한 박자[음절] 길이로 앞 글자에 연이어 발음됩니다. 예를 들어 'かんこく'에서 [ん]은 [ㅇ]이라는 받침 소리를 내는데 [캉코쿠]가 아니라 [카ㅇ코쿠]라고 발음해야 합니다. 그리고 발음[ん]은 뒤에 오는 글자에 따라 음가가 [ㅇ/ㄴ/ㅁ/ㄴ(ㅇ)]로 달라지며, 특히 마지막 [ㄴ(ㅇ)] 발음은 한국어엔 없는 발음이므로 주의해야 합니다.

ん +か/が행	[ㅇ]	・**かんこく** [카ㅇ코쿠] = 한국 ・**まんが** [마ㅇ가] = 만화
ん +さ/ざ/た/だ/ な/ら행	[ㄴ]	・**けんさ** [케ㄴ사] = 검사 ・**ばんざい** [바ㄴ자이] = 만세 ・**せんたく** [세ㄴ타쿠] = 세탁 ・**もんだい** [모ㄴ다이] = 문제 ・**あんない** [아ㄴ나이] = 안내 ・**けんり** [케ㄴ리] = 권리
ん +ま/ば/ぱ행	[ㅁ]	・**きんむ** [키ㅁ무] = 근무 ・**げんば** [게ㅁ바] = 현장 ・**でんぱ** [데ㅁ파] = 전파
ん +あ/は/や/わ행 혹은 단어의 맨 끝	[ㄴ(ㅇ)] [ㄴ]과 [ㅇ]의 중간음인 듯한 콧소리. (혀가 입 안 어디에도 닿지 않음.)	・**れんあい** [레ㄴ(ㅇ)아이] = 연애 ・**こんばんは** [코ㅁ바ㄴ(ㅇ)와] = 안녕하세요 (저녁 인사) ・**こんや** [코ㄴ(ㅇ)야] = 오늘 밤 ・**かんわ** [카ㄴ(ㅇ)와] = 완화 ・**かばん** [카바ㄴ(ㅇ)] = 가방

 촉음[っ]

MP3_35

'촉음'이라고 지칭되는 'っ(카타카나의 경우 ッ)'은 앞서 배운 발음[ん]과 마찬가지로 っ 앞에 있는 글자의 '받침 글자'처럼 발음됩니다. 그리고 촉음을 표기할 땐 た행의 つ를 작게 써서 표기하며, 촉음[っ] 역시 발음[ん]과 마찬가지로 <u>한 박자[음절] 길이로 앞 글자에 연이어 발음</u>됩니다. 촉음[っ]은 뒤에 오는 글자에 따라 음가가 [ㄱ/ㅅ/ㄷ/ㅂ]로 달라지는데, 촉음[っ] 뒤에 오는 글자들은 아래와 같이 총 4개의 행(か행/さ행/た행/ぱ행)으로 나눠서 정리해 볼 수 있습니다.

っ +か행	[ㄱ]	· みっか [미 ㄱ 카] = 사흘 · にっき [니 ㄱ 키] = 일기 · しっけ [시 ㄱ 케] = 습기 · じっこ [지 ㄱ 코] = 10개
っ +さ행	[ㅅ]	· ほっさ [호 ㅅ 사] = 발작 · ざっし [자 ㅅ 시] = 잡지 · しゅっせ [슈 ㅅ 세] = 출세 · いっそ [이 ㅅ 소] = 도리어, 차라리
っ +た행	[ㄷ]	· たった [타 ㄷ 타] = 단지, 다만, 겨우 · こっち [코 ㄷ 치] = 이쪽, 여기 · あさって [아사 ㄷ 테] = 모레 · ずっと [즈 ㄷ 토] = 훨씬, 매우, 아주
っ +ぱ행	[ㅂ]	· とっぱ [토 ㅂ 파] = 돌파 · しゅっぴ [슈 ㅂ 피] = 출비, 지출 · きっぷ [키 ㅂ 푸] = 표, 티켓 · しっぽ [시 ㅂ 포] = (동물의) 꼬리

 **장음**

MP3_36

같은 모음 2개가 연달아 나오거나 특정 모음 2개가 결합되는 경우 <u>앞 글자를 길게 한 박자 길이로 발음</u>하며 이를 '장음'이라 합니다. (가타카나로 된 단어일 경우 장음 부호(ー)를 써서 장음 표시. [예시] テープ [테ー뿌] = 테이프)

おかあさん [오카아사ㄴ(o) → 오카ー사ㄴ(o)]

おいしい [오이시이 → 오이시ー]

ゆうき [유우키 → 유ー키]

せんせい [세ㄴ(o)세이 → 세ㄴ(o)세ー]

おとうさん [오토우사ㄴ(o) → 오토ー사ㄴ(o)]

あ단 + あ	・おかあさん [오카ー사ㄴ(o)] = 어머니 ・おばあさん [오바ー사ㄴ(o)] = 할머니
い단 + い	・おにいさん [오니ー사ㄴ(o)] = 오빠, 형 ・おいしい [오이시ー] = 맛있다
う단 + う	・くうき [쿠ー키] = 공기 ・ゆうき [유ー키] = 용기
え단 + え/い	・おねえさん [오네ー사ㄴ(o)] = 언니, 누나 ・せんせい [세ㄴ(o)세ー] = 선생님
お단 + お/う	・おおい [오ー이] = 많다 ・おとうさん [오토ー사ㄴ(o)] = 아버지

✏️ 단어 읽으며 써 보기 – (1)

 MP3_37

にほん

의미	일본
발음	[니호ㄴ(O)]

✏️ _____

かんこく

의미	한국
발음	[카ㅇ코쿠]

✏️ _____

にほんじん

의미	일본인, 일본 사람
발음	[니호ㄴ(O)지ㄴ(O)]

✏️ _____

かんこくじん

의미	한국인, 한국 사람
발음	[카ㅇ코쿠지ㄴ(O)]

✏️ _____

にほんご

의미	일본어
발음	[니호ㄴ(O)고]

✏️ _____

かんこくご

의미	한국어
발음	[카ㅇ코쿠고]

✏️ _____

りょうり

의미	요리, 음식
발음	[료-리]

✎ _____

かんこくりょうり

의미	한국 음식
발음	[카오코쿠료-리]

✎ _____

にほんりょうり

의미	일본 음식
발음	[니호ㄴ(ㅇ)료-리]

✎ _____

フランス

의미	프랑스
발음	[후라ㄴ스]

✎ _____

フランスじん

의미	프랑스인, 프랑스 사람
발음	[후라ㄴ스지ㄴ(ㅇ)]

✎ _____

フランスりょうり

의미	프랑스 음식
발음	[후라ㄴ스료-리]

✎ _____

 단어 읽으며 써 보기 - (3)

あおい

의미	파랗다
발음	[아오이]

✎ _____

そら

의미	하늘
발음	[소라]

✎ _____

あおいそら

의미	파란 하늘
발음	[아오이소라]

✎ _____

あかい

의미	빨갛다
발음	[아카이]

✎ _____

くるま

의미	(자동)차
발음	[쿠루마]

✎ _____

あかいくるま

의미	빨간 (자동)차
발음	[아카이쿠루마]

✎ _____

✏️ 단어 읽으며 써 보기 – (4)

MP3_40

おいしい

의미	맛있다
발음	[오이시–]

✏️ _____

ケーキ

의미	케이크
발음	[케–키]

✏️ _____

おいしいケーキ

의미	맛있는 케이크
발음	[오이시–케–키]

✏️ _____

おもしろい

의미	재미있다
발음	[오모시로이]

✏️ _____

ゲーム

의미	게임
발음	[게–무]

✏️ _____

おもしろいゲーム

의미	재미있는 게임
발음	[오모시로이게–무]

✏️ _____

わたし

의미	나, 저
발음	[와타시]

✏️ _____

おとうと

의미	남동생
발음	[오토-토]

✏️ _____

わたしのおとうと

의미	나의 남동생 (내 남동생)
발음	[와타시노오토-토]

✏️ _____

がっこう

의미	학교
발음	[가ㄱ코-]

✏️ _____

せんせい

의미	선생님
발음	[세ㄴ(ㅇ)세-]

✏️ _____

がっこうのせんせい

의미	학교(의) 선생님
발음	[가ㄱ코-노세ㄴ(ㅇ)세-]

✏️ _____

MP3_42

えいが

의미	영화
발음	[에-가]

✎ _____

ポスター

의미	포스터
발음	[포스타-]

✎ _____

えいがのポスター

의미	영화(의) 포스터
발음	[에-가노포스타-]

✎ _____

かいしゃ

의미	회사
발음	[카이샤]

✎ _____

イメージ

의미	이미지
발음	[이메-지]

✎ _____

かいしゃのイメージ

의미	회사(의) 이미지
발음	[카이샤노이메-지]

✎ _____

MP3_43

いえ

의미	집
발음	[이에]

✎ _____

ちかく

의미	근처
발음	[치카쿠]

✎ _____

こうえん

의미	공원
발음	[코-에ㄴ(ㅇ)]

✎ _____

いえのちかくのこうえん

의미	집(의) 근처(의) 공원
발음	[이에노치카쿠노코-에ㄴ(ㅇ)]

✎ _____

びょういん

의미	병원
발음	[뵤-이ㄴ(ㅇ)]

✎ _____

いえのちかくのびょういん

의미	집(의) 근처(의) 병원
발음	[이에노치카쿠노뵤-이ㄴ(ㅇ)]

✎ _____

 MP3_44

ほん

의미 책
발음 [호ㄴ(이)]

✎

よむ

의미 읽다
발음 [요무]

✎

ほんをよむ

의미 책을 읽다
발음 [호ㄴ(이)오요무]

✎

ごはん

의미 밥
발음 [고하ㄴ(이)]

✎

たべる

의미 먹다
발음 [타베루]

✎

ごはんをたべる

의미 밥을 먹다
발음 [고하ㄴ(이)오타베루]

✎